بِسْمِ اللهِ الرَّحْمٰنِ الرَّحِيْمِ

اللہ ﷻ کے نام سے، جو نہایت مہربان، نہایت رحم فرمانے والا ہے

یہ کتاب ایک خاص تحفہ ہے
اللہ ﷻ کی طرف سے ایک خاص بچے کے لیے۔

یہ تمہیں اُس کی محبت، رحمت اور نور کے مزید قریب لے آئے

اپنے خالق اللہ تعالیٰ کو جاننا

اللہ تعالیٰ سے متعارف کرانے والی بچوں کی کتاب

The Sincere Seeker Collection

اللہ ﷻ ایک اور یکتا ہے۔

وہ ہمارے مہربان خالق ہیں جنہوں نے آپ، مجھے اور ہر اُس چیز کو بنایا ہے جو ہم دیکھتے ہیں۔

—ہر روز اللہ ﷻ ہمارا خیال رکھتا ہے

وہ ہمیں مزیدار کھانا اور آرام دہ بستر دیتا ہے اور ہمیں محفوظ رکھتا ہے۔

اللہ ﷻ ہر چیز سے بلند ہے اور ہمیشہ محبت کے ساتھ ہم پر نگاہ رکھتا ہے۔

اللہ ﷻ نے بڑے بڑے سیارے بنائے اور چھوٹے بھی۔

اس نے زمین کو ہمارا خوبصورت گھر بنایا۔

رات کو ستارے جھلملاتے ہیں اور آسمان کو روشن کرتے ہیں۔

اللہ ﷻ نے یہ کائنات بنائی تاکہ ہم حیرت سے اسے دیکھ سکیں۔

اللہ ﷻ نے پورا چاند بنایا تاکہ رات کو روشنی کرے۔

وہ نرم بادل بناتا ہے جو آہستہ آہستہ ہمارے اوپر تیرتے ہیں۔

وہ پودوں کو اگنے اور زمین کو صاف رکھنے کے لیے بارش بھیجتا ہے۔

وہ ہر سمت میں ہوائیں بھیجتا ہے اور پھول کھلنے کے لیے سورج کی گرمی دیتا ہے۔

اللہ ﷻ نے ٹھنڈا اور گرم پانی بنایا۔

اس نے بہتی ندیاں، بڑی لہروں والے سمندر اور گہرے سمندر بنائے جہاں حیرت انگیز مخلوقات چھپتی ہیں۔

وہ لہروں کو اٹھاتا اور گراتا ہے—کبھی نرم، کبھی طاقتور۔

اللہ ﷻ نے آسمان کو چھونے والے اونچے پہاڑ بنائے۔

اس نے چھوٹی برفانی پہاڑیاں بنائیں جو دھوپ میں چمکتی ہیں۔

ہر پہاڑ اس کی طاقت اور خوبصورتی ظاہر کرتا ہے۔

اللہ ﷻ نے مزیدار پھلوں والے کیلے اور مالٹے کے درخت بنائے۔

اس نے دنیا کو رنگ برنگے پھولوں اور خوشبوؤں سے بھر دیا۔

کچھ باغات میں کھلتے ہیں؛ کچھ کھیتوں میں خود رو اگتے ہیں۔

ان میں سے ہر ایک اللہ ﷻ کا خاص تحفہ ہے جو ہمیں خوشی بخشتا ہے۔

اللہ ﷻ نے ہمیں خاندان دیے تاکہ ہم ایک دوسرے سے محبت کریں اور خیال رکھیں۔

والدین ہماری حفاظت کرتے ہیں، اور پیارے بہن بھائی کھیلتے اور بانٹتے ہیں۔

خاندان اللہ ﷻ کی ایک خاص نعمت ہے۔

الله

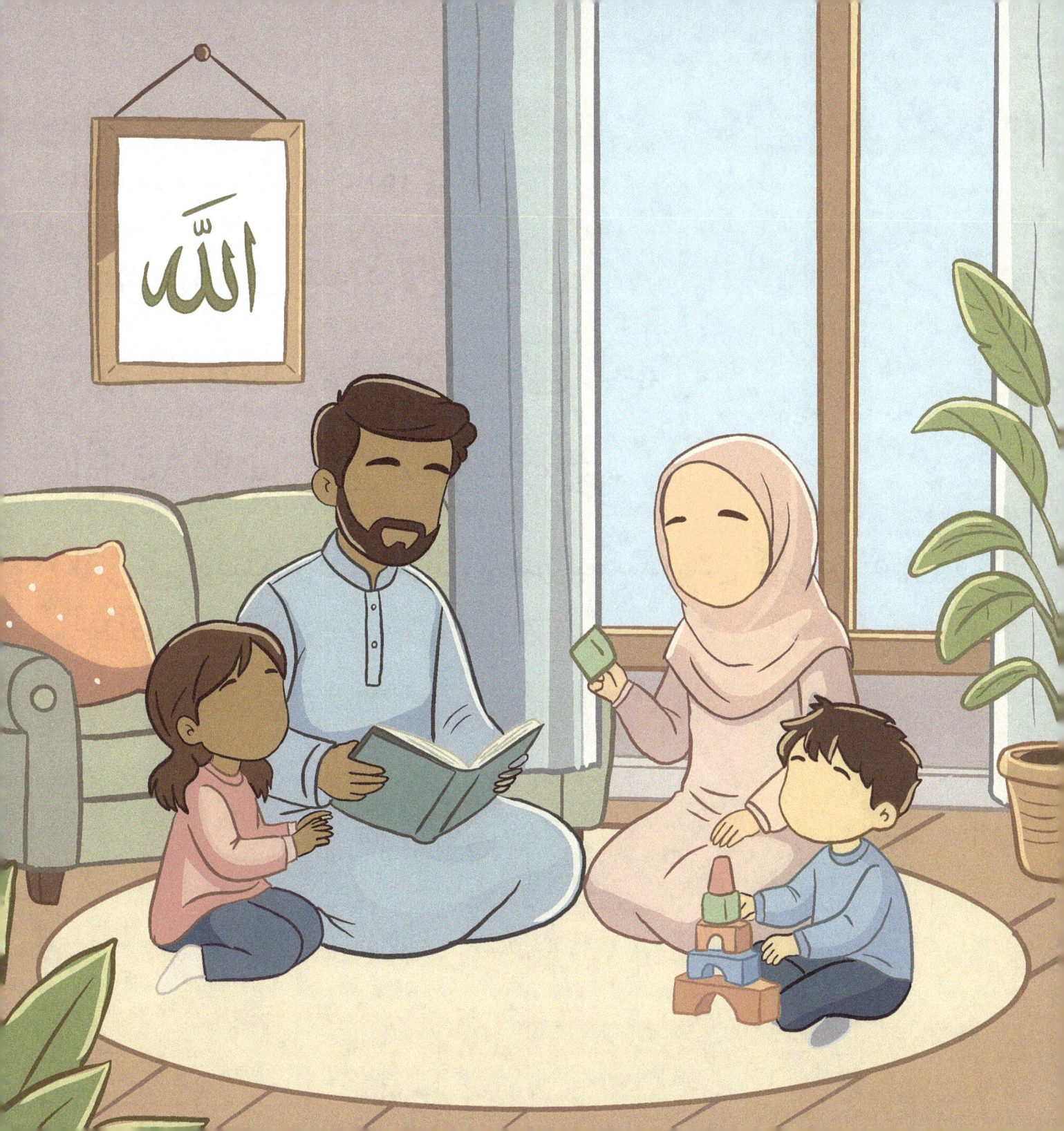

اللہ ﷻ نے بڑے جانور بنائے۔

جیسے لمبی سونڈ والے ہاتھی،

نرم اور پھولی ہوئی کھال والے ریچھ،

اور تیز دانتوں والے سبز مگرمچھ۔

اس نے وہیلیں بھی بنائیں جو سمندر کی گہرائی میں تیرتی ہیں۔

اللہ ﷻ نے چھوٹے جانور بھی بنائے۔

جیسے ننھا لال بھنورا،

اور بھنبھناتی مکھی۔

اس نے چیونٹیاں، گھاس کے ٹڈے اور تتلیاں بنائیں جو ہوا میں لہراتی ہیں،

اور بھنبھریاں جو تیزی سے اڑتی ہیں۔

ہر ایک اللہ ﷻ کی حیرت انگیز تخلیق کو ظاہر کرتا ہے!

اللہ ﷻ ہمیں صحت مند کھانا اور مشروبات دیتا ہے تاکہ ہم مضبوط بن سکیں۔

ہمارے پاس تازہ روٹی، میٹھے انگور، رسیلے سیب اور سنہرا شہد ہے۔

اور زرد پنیر، کریمی دودھ اور رسیلا چکن بھی!

ہر نوالہ اور ہر گھونٹ اللہ ﷻ کی نعمت ہے۔

شکریہ، اللہ ﷻ، ہمیں یہ لذیذ کھانا دینے کے لیے!

اللہ ﷻ نے ہمیں زندگی اور بے شمار نعمتیں بھی دی ہیں!

آرام دہ گھر اور ایک کار جو ہمیں تفریحی سفر پر لے جاتی ہے۔

دو ہاتھ بنانے کے لیے، دو آنکھیں دیکھنے کے لیے، اور دو کان سننے کے لیے۔

اور دل جو محبت سے دھڑکتے ہیں۔

شکریہ، اللہ ﷻ، ان سب شاندار تحائف کے لیے!

اللہ ﷻ سب کچھ دیکھتا اور سنتا ہے، حتیٰ کہ ہمارے سب سے خاموش خیالات بھی۔

وہ جانتا ہے کہ ہمارے دلوں میں کیا ہے اور ہم اندر کیا محسوس کرتے ہیں۔

وہ ہمارے خوش خیالات اور مہربان اعمال کو نوٹ کرتا ہے۔

اللہ ﷻ ہمیشہ محبت اور خیال سے ہم پر نظر رکھتا ہے۔

اللہ ﷻ ہم سے اس سے زیادہ محبت کرتا ہے جتنا ہم تصور کر سکتے ہیں!

اس کی محبت سمندر سے گہری اور سورج سے زیادہ روشن ہے۔

وہ ہمارا خیال رکھتا ہے جب ہم ہنستے یا روتے ہیں، کھیلتے یا دعا کرتے ہیں۔

آئیے ہم اللہ ﷻ کو یاد کریں، اس سے دعا کریں، اور اچھا کام کرکے اپنی محبت دکھائیں!

ہر بھلائی اللہ ﷻ سے آتی ہے۔

وہ آسمانوں اور زمین کا نور ہے۔

اللہ ﷻ اپنے نور سے ہماری رہنمائی کرتا ہے، اور
ہمارے دلوں کو صحیح راستہ چننے میں مدد دیتا ہے۔

جب ہم نیکی کرتے ہیں تو ہمارے دل بھی روشن ہو
جاتے ہیں۔

ہم اللہ ﷻ سے دعا کرتے ہیں کیونکہ اس نے ہمیں پیدا کیا اور وہ ہم سے بے حد محبت کرتا ہے۔

ہم بھی اس سے محبت کرتے ہیں۔

جب ہم مدد مانگتے ہیں، اللہ ﷻ ہمیں سنتا ہے اور بہترین طریقے سے جواب دیتا ہے۔

ہم اللہ ﷻ سے کسی بھی وقت بات کر سکتے ہیں— خوشی میں اور غم میں۔

اللہ ﷻ ہمیشہ قریب اور سننے والا ہے۔

اللہ ﷻ ان لوگوں سے جنت (جنۃ) کا وعدہ کرتا ہے جو اس پر ایمان لاتے ہیں اور نیک عمل کرتے ہیں۔

یہ خوشی کی جگہ ہے جہاں خواہشیں پوری ہوتی ہیں۔

شہد اور دودھ کی نہریں بہیں گی۔

باغات کبھی نہ مرجھانے والے پھولوں سے بھرے ہوں گے۔

وہاں مزیدار پھل، خوبصورت کپڑے اور لا محدود خوشی ہوگی۔

آئیے ہم اللہ ﷻ سے محبت کریں، نیک کام کریں اور اپنی پوری کوشش کریں۔

تاکہ ہم ایک دن جنت میں اس کے ساتھ ہوں!

اختتام

یہ سفر تمہیں مزید قریب لے آئے
اللہ ﷻ کی لامحدود محبت اور حکمت کے۔